LETTRES

POLITIQUES, RELIGIEUSES

ET AUTRES

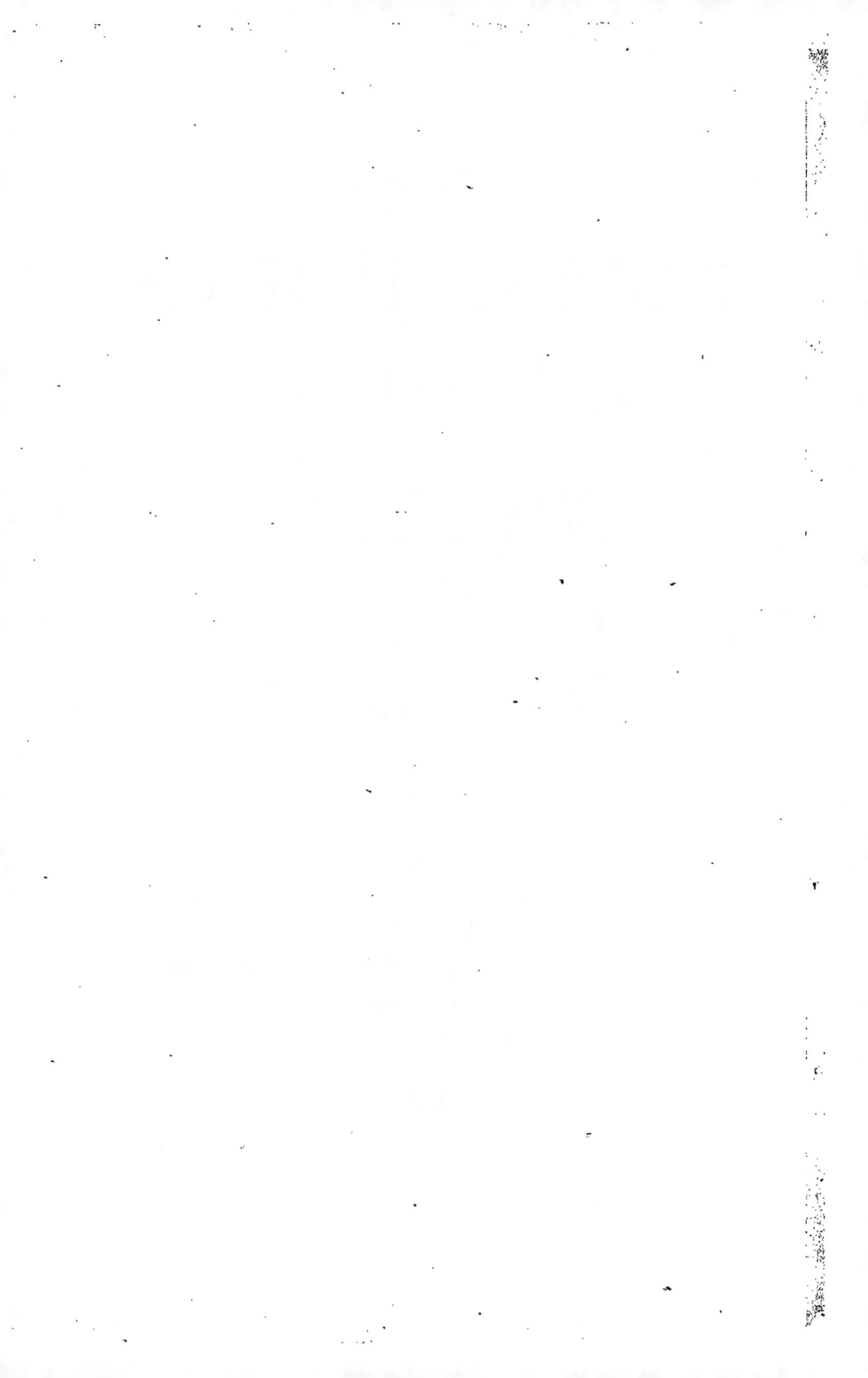

LETTRES

POLITIQUES, RELIGIEUSES

ET AUTRES

Par M. J. SAUJEON

Rue Du Hamel

BORDEAUX

CHEZ L. CODERC, IMPRIMEUR-LIBRAIRE

(Maison LAFARGUE)

Rue du Pas-Saint-Georges, 28

1873

NOTE DE L'AUTEUR

En publiant mes lettres politiques et autres,
je n'ai point la prétention de croire que ces écrits
aient de l'importance pour mes contemporains,
non; mais je les fais publier à cause des vrais
principes, selon moi, qu'ils renferment touchant les préceptes religieux et sociaux tant
oubliés, même par les plus grands esprits de
notre époque..... De telle sorte, que l'erreur
politique avait droit de cité chez les meilleurs,
et c'est à peine si quelques rayons de lumière
pouvaient arriver jusqu'à eux pour empêcher
l'état social de sombrer complètement, lorsqu'un
retour soudain et inattendu par eux est apparu

à l'horizon, et avec le secours de la Très-Sainte
Vierge et le concours d'innombrables croyants,
Dieu est intervenu et a donné aux hommes,
si lâches jusqu'à ces derniers temps, l'énergie
nécessaire pour affirmer leurs convictions, et la
force créatrice pour restaurer le droit national,
résumé dans la personne de M. le Comte de
Chambord, foulé aux pieds jusqu'à ce jour,
je ne dis pas par les mauvais citoyens, mais
par les meilleurs et les plus haut placés.

Je le devais aussi à ma famille, afin que ces
lettres restassent près d'eux comme un té-
moignage évident et continu des vrais principes
que je n'ai jamais cessé de leur inspirer, pour
leur bien-être spirituel et temporel, que j'ai toujours cherché à sauvegarder en eux, pour qu'ils
restassent constamment bons Chrétiens et bons
Français.

Loin de moi l'intention de blesser qui que ce
soit, bien moins encore des Princes français
que j'honore et que j'aime, aujourd'hui plus que

jamais, puisqu'ils ne forment désormais qu'une seule et même Maison, la Maison royale de France.

J'ajouterai aussi que si quelques-unes de mes lettres sont empreintes d'une certaine violence, elles ne le doivent qu'aux temps de troubles où elles ont été écrites, que néanmoins j'ai cru devoir les laisser avec leur aigreur; le défaut littéraire qui les caractérise est un signe certain de ma franchise et de la bonne volonté que j'ai mis à faire le bien dans la mesure de mes forces.

J. SAUJEON.

28 Septembre 1873.

LOUANGES

ET

REMERCIEMENTS A LA MÉRE DE DIEU

PAR SON HUMBLE SERVITEUR

O ! Vierge sainte, comment pourrai-je raconter dignement vos nombreux bienfaits, car les grâces abondantes, aussi bien que les secours nombreux que vous avez daigné m'accorder ont été toujours très-puissants, et surtout très-glorieux ?

J'étais bien jeune encore, lorsqu'une maladie mortelle vint me mettre aux portes du tombeau ; vous me sauvâtes de la mort par votre puissante intercession. Plus tard, et à peine adolescent, je fis une chute des plus périlleuses, en tombant dans un antre profond ; votre main maternelle vint encore me secourir et me sauver de l'abîme qui allait m'engloutir.

C'est encore vous, ô Mère bien-aimée, qui avez arrêté plusieurs fois les coursiers indomptés qui, m'emportant dans leur course furibonde, m'auraient infailliblement brisé contre la pierre, sans votre puissant secours et sans votre intervention miraculeuse.

Très-souvent aussi, ô Mère chérie, vous m'avez sauvé des eaux où mon imprudence m'avait jeté sans réfléchir au danger. Mais, au moment où ces eaux rapides allaient m'engloutir, vous apparaissiez alors, et avec une tendre bonté, vous m'arrachiez au gouffre béant prêt à me faire disparaître pour toujours dans la profondeur des abîmes.

Je vous bénis surtout, ô ma bien-aimée, de m'avoir sauvé des atteintes de mes ennemis ; car, étant au service de ma patrie, l'épée de mes adversaires a fait par deux fois couler mon sang, et c'est votre amour pour moi qui a encore guéri mes plaies et mis le baume de la reconnaissance éternelle en mon âme, pour vous et votre divin Fils mon Sauveur.

Maintenant, votre protection sainte se continue même au sein de ma nombreuse famille : c'est vous, ô Mère tendre, qui éclairez nos intelligences et qui dirigez nos pas dans le droit sentier de la vérité, de la justice et de la charité chrétienne.

Nous vous prions donc, ô Mère immaculée, d'être constamment notre guide pendant le temps et jusque sur les rivages de l'éternité bienheureuse où vous régnez avec votre divin Fils. Ainsi soit-il.

O Mère Immaculée, daignez recevoir nos hommages dans votre Sanctuaire béni et bien-aimé de Verdelais, assise comme une reine sur votre trône de la miséricorde, entourée de nombreuses lumières que la foi fait briller sur votre autel, comme autant de Chérubins pleins d'amour pour vous ; mais les plus grandes merveilles ne sont pas celles qui entourent votre auguste image ; la plus grande de toutes, c'est celle de votre divin Jésus et le nôtre, renfermé nuit et jour dans le saint Tabernacle où repose le sacrement adorable de son immense amour pour tous les chrétiens.

Votre puissante intercession auprès de votre divin Fils

obtient chaque jour des prodiges innombrables, par la guérison des maux physiques et par la conversion de nombreux pécheurs qui étaient restés bien longtemps hostiles à sa loi sainte et à votre miséricordieux appel.

Soyez-en donc bénie à jamais, ô Mère très-aimable. Que ma main se dessèche, et que ma langue s'attache à mon palais, plutôt que d'oublier les bienfaits que j'ai reçu de vous pendant toute ma vie, avec l'espérance que vous voudrez bien les continuer jusqu'à ma mort. Ainsi soit-il.

A MARIE

Comment décrire le magnifique panorama se déroulant majestueusement sous les regards étonnés des touristes visitant pieusement la montagne sainte qu'on appelle le *Calvaire de Verdelais*, au haut de laquelle est plantée la Croix où est suspendu le Sauveur du monde; et, après l'avoir adorée, le visiteur se retourne et jette un regard étonné sur l'immense plaine qui se déroule majestueusement sous ses yeux, et, plein d'admiration pour tant de magnificence, il s'écrie : que Dieu est donc admirable dans ses œuvres, mais que l'homme est bien ingrat de ne pas bénir sans cesse tant de bonté dans son Créateur ! C'est l'ingratitude qui a fait les méchants, la reconnaissance a fait les justes.

Oui, ce pays est enchanteur, non pas seulement par son aspect riant, mais surtout par la plus belle vallée du pays, qui est sans contredit celle où est assise, comme

une reine, l'église vénérable où Notre-Dame de Verdelais a daigné faire sa résidence de prédilection, pour y
répandre abondamment ses grâces sur tous les peuples,
et ses faveurs spéciales sur tous ceux qui ont recours à
sa miséricordieuse intercession pour obtenir tout ce dont
ils ont besoin, soit pour l'âme, soit pour le corps ; et tous
ceux qui ont eu confiance en son inépuisable bonté, ne
se sont jamais retirés sans obtenir ce qu'ils étaient venus
humblement demander à sa miséricordieuse intercession.
Son humble serviteur, quoique très-indigne, est un témoin véridique de ses nombreuses faveurs.

O Mère Immaculée, soyez donc bénie à jamais pour
tous vos bienfaits.

UN MOT ENCORE A LA REINE DES CIEUX

O Vierge sainte ! qui êtes immaculée dès le moment de
votre conception, vous avez cependant daigné recevoir
cette couronne glorieuse de la main même du plus illustre des Pontifes, du vénérable Pie IX, Vicaire sur la
terre de votre divin Fils notre bien-aimé Sauveur. Cette
faveur unique, proclamée dans le temps, servira, j'ose
l'espérer, ô ma Mère, de lumière aux hommes de bonne
volonté pour leur salut éternel. Ainsi soit-il.

J. S......

LES DEUX DRAPEAUX

Salut ! vieux Drapeau de la France,
Salut ! Drapeau libérateur ;
Salut ! Drapeau de l'espérance,
Gardien de notre antique honneur.
Présente-toi dans la carrière,
Couvert par la noble poussière
De tant de glorieux combats ;
Drapeau chéri de la victoire,
Témoin d'un passé plein de gloire,
Reviens encor guider nos pas !

Lève-toi valeureuse armée,
Si grande malgré tes revers ;
Toi qui portas ta renommée
Jusqu'aux confins de l'univers !
Soldats d'Italie et d'Afrique,
Fiers guerriers, phalange héroïque,

Gardiens du droit et de la loi,
Ralliez-vous au blanc panache,
Acceptez l'étendard sans tache
Qui vous est donné par le Roi !

Laissez le Drapeau tricolore
Céder la place au Drapeau blanc ;
Des conquêtes dont il s'honore,
Sans doute, le renom est grand.....
Longtemps, nos armes triomphantes,
Devant les nations tremblantes,
Ont porté ce Drapeau vainqueur.....
Mais, malgré vos vertus guerrières,
Français, au Drapeau de vós pères,
Appartient la place d'honneur !

Car, sur tous les champs de bataille,
Le vaillant étendard des lys
Avait affronté la mitraille
Avant le Drapeau d'Austerlitz.....
Sortant d'un passé triste et sombre,
Sachez-le bien, c'est à son ombre
Qu'on a vu la France grandir ;
Fixant la fortune incertaine,
Il prit l'Alsace et la Lorraine,
Il saura les reconquérir !

Soldats ! le Drapeau tricolore,
Par vous fut immortalisé ;
Vous rendrez plus illustre encore
Le Drapeau blanc fleurdelysé.....
HENRI retrouve sa couronne,
Voyez en foule autour du trône
Se presser les peuples joyeux.
La France, un moment abaissée,
Recouvre sa splendeur passée,
Sous son étendard glorieux ! ! !

H^{ri} SAUJEON.

Castillon, le 1er octobre 1873.

LETTRES

POLITIQUES, RELIGIEUSES

ET AUTRES

Bordeaux, le 12 Septembre 1870.

A M. LE RÉDACTEUR DU JOURNAL *LA GUIENNE*.

MONSIEUR LE RÉDACTEUR,

Au moment où la France frémissante en se sentant foulée aux pieds par les nombreuses cohortes du Nord, surprise par tant d'ennemis, elle se recueille un moment pour repousser plus tard, s'il lui est possible, ces nouveaux barbares, portant le fer et le feu, sans raison comme sans utilité, sur leur passage affreux, je déplore amèrement que mon âge avancé arrête mon patriotisme et m'empêche d'aller grossir nos valeureuses phalanges, pour les aider à délivrer le sol sacré de la patrie, qu'une soldatesque impure et cruelle ose insulter, et massacrer chaque jour ses enfants les plus chers.

Ne pouvant mieux faire, je viens offrir deux lits pour

les blessés de notre brave armée, et les mettre à la disposition d'un officier et d'un soldat, ou bien de deux soldats, me réservant de leur donner ou faire donner tous les soins affectueux que réclameront leurs blessures ou maladie quelconque.

Ils seront traités comme des frères bien-aimés et des martyrs de la plus sainte des causes, puisque c'est la cause même de la patrie en deuil.

Recevez, Monsieur le Rédacteur, mes salutations bien respectueuses.

J. S.....

Bordeaux, le 24 Juin 1871.

A MONSEIGNEUR LE COMTE DE CHAMBORD

MONSEIGNEUR,

Il y a bien longtemps que je désirais vous écrire, mais la crainte de vous déplaire a empêché, jusqu'à ce jour, cet élan de mon cœur; je savais cependant, je dois l'avouer, que tous, qui que nous soyons, sommes toujours les bienvenus auprès de votre auguste personne, mais je savais aussi que vous aviez souvent de nobles et savants visiteurs, et une correspondance considérable; à cause de cela , je craignais trop peut-être, Monseigneur, que mon infime personnalité n'interrompit de plus graves et de plus sérieuses occupations que celles qui ont trait à cette lettre.

Veuillez donc, Monseigneur, me pardonner si j'ose vous témoigner aujourd'hui la joie que j'éprouve de venir vous dire que mon fils s'est engagé volontairement aux zouaves pontificaux dits de l'Ouest, avec la ferme résolution, après cette épreuve, de continuer son service dans ce glorieux corps, commandé par un de ces valeureux soldats qui ont tant fait pour la religion et pour la patrie éprouvée par tant et de si inénarrables malheurs.

Oui, Monseigneur, j'ose vous témoigner humblement ma joie, parce que je sais que tout ce qui touche aux choses saintes et sacrées doit nécessairement vous émouvoir, puisque vous êtes la plus haute personnification de ces deux principes : Religion et Patrie, que votre avènement seul peut résumer d'une manière parfaite, ce qui ne tardera pas , veuillez en accepter l'augure.

C'est là le vœu de la famille de celui que M. Dupuy, de regrettable mémoire, ne craignit pas de vous parler, et auquel vous donnâtes, pour lui être transmis, votre signature et votre cachet, qu'elle conserve religieusement.

Avec notre reconnaissance, daignez agréer, Monseigneur, notre entier dévouement et notre profond respect, avec l'assurance de notre attachement sans bornes à votre royale personne.

J. S.....

2

Bagnères de Luchon, le 25 Août 1871.

A MA FAMILLE

BIEN CHÈRE FEMME ET CHERS ENFANTS.

Aujourd'hui, je voudrais tâcher de vous décrire la petite ville de Luchon !... J'en conviens, il faudrait une plume plus expérimentée que la mienne pour être vrai, surtout sans être outré dans la narration. Je vais donc m'efforcer de dire la vérité, selon mes connaissances, sur cette jolie cité.

Je vous l'ai déjà dit, cette ville est assise sur une splendide vallée, riche en culture riante et embaumée par ses fleurs, ses bosquets et ses prairies émaillées de mille couleurs. Toutes ces belles choses semblent être des miniatures, quoique grandioses, tant l'aspect de ces incommensurables montagnes, montant la garde autour de ce magnifique diament, semblent dire à l'homme : tu dois admirer et non souiller cette brillante perle de mes eaux !

Tout semble donc microscopique à côté de ces géants, qui, eux aussi, semblent vouloir rivaliser avec la plaine, tant leurs flancs sont richement boisés, où le promeneur qui les escalade trouve un abri contre les rayons du soleil, toujours ardent, et contre la pluie, sous les ifs et les cèdres touffus.

Maintenant, je reviens à la ville; j'ai dit petite, cela n'est pas exact, attendu qu'elle possède une rue qu'on appelle l'allée d'Étigny, qui ne le cède en rien à l'Intendance de Bordeaux; elle a de plus qu'elle deux magnifiques rangées d'arbres de chaque côté, ombrageant deux rangées d'hôtels plus magnifiques encore! Sa longueur, de l'église à l'établissement des bains, est de 800 mètres. Vous voyez par ce tableau que nous n'avons rien de mieux chez nous. L'église n'a rien de remarquable, elle est un peu comme celle de Talence; il y a, par exemple, l'autel de la Sainte Vierge, qui est très-beau à cause des peintures à fresque qui forment le fond et ornent parfaitement l'ensemble.

Les Bains sont plus grandioses : toute la façade est en marbre blanc, basée sur 28 colonnes en style corinthien, au milieu, un très-beau portique surmonté d'une horloge transparente; c'est le plus beau monument de la cité.

Quant à la vieille ville, elle est, comme toutes les anciennes cités, mal alignée, sans cesser cependant d'être attrayante, tout y respire le bien-être et la joie naturelle à ses habitants.

Suivez-moi maintenant aux boulevards qui convergent autour de Luchon; rien ne paraissant, où à chaque pas l'on croit trouver le vide..., tout-à-coup on rencontre de très-jolies villas, entourées de parcs considérables, baignés par la rivière (où les truites abondent), poussant constamment ses eaux affolées vers la mer. En continuant notre course dans le même périmètre, nous rencontrons la paroisse de Saint-Mamer, avec son joli carillon, nous faisant de la musique trois fois par jour. De l'autre côté, on aperçoit l'église de Montauban, très-remarquable comme style, et par un tableau représentant, de grandeur naturelle, l'apparition de la Sainte Vierge aux enfants de la Salette, le tout d'un très-beau travail. Plus loin, deux autres paroisses que nous n'avons pas encore visitées ; toutes ces paroisses se relient avec Luchon, par de larges voies bien ombragées, dans la même petite vallée, on dirait même que cela ne fait qu'un, tant il est vrai que l'incroyable peut être vrai quelquefois, puisqu'il s'est réalisé dans ces riantes collines où tout est imprévu.

Voila pour Luchon et ses environs. Maintenant, passons à la vallée du Lys, que nous avons voulu voir aussi ; pour cela, nous avons loué deux haridelles afin de pouvoir faire cette ascension ; il ne nous a pas fallu moins de trois heures pour arriver aux montagnes de glace, qui sont situées aux confins de cette vallée où fleurissent..... les *ours!*... Là, la neige et les glaces y sont éternelles ; en se fondant constamment, elles forment ces impétueuses cascades roulant dans des abîmes sans fond.

Deux petites maisonnettes, servent de réfectoire aux voyageurs fatigués ; seulement, on paie un peu cher..... Heureusement que cela n'arrive qu'une fois dans la vie !

En revenant, nous avons vu la fameuse cascade Richard et aussi le gouffre d'Enfer, ainsi nommé à cause de la désolation de ses eaux furieuses et la profondeur de ses abîmes.

Je vous prierai, en terminant, si ma narration ne vous a pas trop ennuyés, de la montrer à Théodore et à notre bon Curé, pour qu'ils corrigent les fautes en me les pardonnant; mais, surtout, je vous prie de conserver cette lettre, car je n'ai pas toujours l'esprit facile pour décrire les diverses et pittoresques situations que nous avons sous les yeux, et s'il me fallait recommencer, je pourrais parfaitement succomber à la tâche.

Recevez, je vous prie, mes embrassements les plus affectueux.

J. S.....

A M. LE RÉDACTEUR DU *COURRIER DE LA GIRONDE*

Bordeaux, le 10 Novembre 1871

MONSIEUR,

J'ai déjà eu l'honneur de vous écrire de Luchon au sujet de la grande question sociale qui nous préoccupe tous. Je vous écrivis alors pour relever ce que je croyais être une grave erreur de votre part!... Je ne viens pas aujourd'hui suspecter votre patriotisme, bien loin de là; mais je crois être dans l'exacte vérité en n'approuvant pas votre article du 9 courant, dans lequel vous proposez un expédient pour sauver la France, car, d'après vous, le salut ne viendrait qu'après l'abdication de Henri V en faveur du Comte de Paris.

Eh bien, Monsieur, permettez-moi de vous dire que, bien loin de sauver la patrie, cet expédient la plongerait plus profondément dans l'abîme et donnerait plus d'audace encore à la Révolution et à l'anarchie, en l'aidant à s'implanter plus sûrement dans le sol de notre belle et noble France ; et croyez que le jour où le Droit le cèdera au Fait révolutionnaire, quel qu'il soit, il n'y en aura plus

Je crois, comme vous le dites fort bien, que les défiances et les préventions sont nombreuses, mais ce que je crois encore mieux, c'est que si nous n'apprenons pas au peuple ses devoirs avec l'amour du Droit et de la Justice, c'en est fait de la société. Ce n'est pas par des articles plus ou moins savants et spirituels qu'on la sauvera. Et comment donc lui apprendre ces choses si nous-mêmes ne les mettons pas en pratique : et c'est en vain que nous les mettrions en pratique, si les Princes eux-mêmes, ne viennent donner l'exemple de tous ces saints devoirs.

Encore une fois, si la Maison de Bourbon n'avait pas été divisée, elle serait restée indestructible. A qui la faute ?

Il faut donc que les Princes d'Orléans abdiquent toutes prétentions personnelles, et viennent se ranger sous la bannière du Comte de Chambord, qui est, après tout, la leur et celle de leur race. Sans cela point de salut.

Ce n'est pas à l'erreur de s'imposer à la vérité. Et vous comprenez très-bien, Monsieur, que si les Protestants, qui sont des révolutionnaires eux aussi, venaient dire au

Pape d'abdiquer en faveur de Victor-Emmanuel, ce serait le renversement du mal sur le bien et de l'erreur sur la vérité. Cela ne se peut pas. Ce qui ne peut se faire en Italie ne saurait se faire en France, la Fille aînée de l'Église.

Que les Princes viennent donc, c'est leur propre intérêt, avec cet ordre d'idées, et alors, mais seulement alors, notre belle patrie pourra reprendre son rang glorieux parmi les nations, et reprendre aussi, sans même tirer l'épée, les provinces qui ont été si misérablement enlevées à l'outrecuidance enflure de nos trop fameux démocrates.

J'ose affirmer, en terminant, que si les Princes d'Orléans se détournent de la voie suivie par leurs ancêtres soit en 93, soit en 1830, la France est sauvée ; dans le cas contraire, elle restera courbée sous le poids écrasant de ses inénarrables malheurs, peut-être tombera-t-elle plus bas encore sous le marteau démolisseur de l'impiété et des sophistes qui finiraient par l'anéantir, si Dieu ne venait à notre aide, ce qui est mon espoir.

Daignez agréer, Monsieur, mes salutations bien sincères.

J. S...,.

Bordeaux, le 12 Novembre 1871

A MONSEIGNEUR LE COMTE DE PARIS.

MONSEIGNEUR,

Pardonnez au plus humble des citoyens, comme au plus grand admirateur de vos vertus, d'oser adresser un conseil d'autant plus désintéressé, qu'il est, j'ose l'espérer, tout en faveur de votre royale Maison. Le voici :

Pour qu'un arbre prenne racine, il faut commencer par planter la souche dans une terre préparée avec intelligence, et lorsque ces soins ont été donnés, il est évident qu'au bout de quelque temps cette souche devient un arbre indérassinable..... Votre cœur de prince et de Français a déjà compris l'allusion, qui n'est autre que l'union des deux branches de la glorieuse Maison de France, car cette union ne peut plus rester à l'état de problème, sous peine d'anéantissement complet, sous les coups répétés de l'Internationale et de l'anarchie.

Il faut aussi considérer qu'il est impossible, à l'une comme à l'autre dynastie, de régner sans l'union et le concours de deux partis représentant la force vive de la nation..... La logique le dit, l'Évangile l'affirme, et le salut de la France le commande.

Vous connaissez, Monseigneur, trop bien ces vérités, pour que j'insiste davantage sur ce point ; votre religion, comme vos propres intérêts, vous ont indiqué cette voie, qui est la seule capable de grandir votre nom déjà si glorieux, et vous conduire sur le trône de vos ancêtres, d'une manière aussi parfaite qu'infaillible, lorsque Dieu aura appelé à lui notre Roi bien-aimé.

Il n'est pas possible, Monseigneur, lorsqu'on aime la France, de rester muet devant les effroyables malheurs qui l'ont assaillie, et c'est cette triste situation qui m'a donné le courage de vous adresser cette lettre.

C'est avec les plus grands sentiments de respect et d'admiration, que j'ose rester, Monseigneur, le plus humble de vos serviteurs.

J. S.....

Bordeaux, le 23 Novembre 1871.

A M. LE RÉDACTEUR DU *COURRIER DE LA GIRONDE*

Monsieur le Rédacteur,

Vous êtes trop bon Français, et surtout trop bon catholique, pour ne pas louer, comme tous les honnêtes gens, tout ce qui est grand, noble et généreux.

Et qui a-t-il de plus généreux que de reconnaître, devant six cents citoyens, en les abjurant, les erreurs de notre vie passée, ainsi que celles que nos pères nous ont léguées, puisqu'ils ont eux-mêmes dévié de la bonne voie, en quittant la religion transmise par leurs pères, pendant plus de mille ans, à leurs descendants.

Qui oserait donc condamner Henri IV d'avoir abjuré une erreur certaine, de l'avis même de ceux qui étaient préposés pour la défendre, puisqu'ils ont avoué qu'on pouvait se sauver dans la religion catholique, qui était la religion des Français. — Et c'est ce qu'Henri IV a fait de la meilleure foi du monde.

La logique ne peut donc pas être invoquée qu'en faveur de ce bon Roi, puisque sa démarche n'a eu d'autre mobile que le salut de son âme et celui de la nation! Qui oserait l'en blâmer? Mais, revenons aux principes.

Il faut aujourd'hui bien se garder de laisser croire aux princes qu'ils sont au-dessus des lois, et qu'ils peuvent sans inconvénient les enfreindre; car il est un fait que nul ne peut nier, c'est la transmission de la solidarité aux parents, aux enfants; nous portons tous, soit l'honneur, soit les stigmates de nos pères, selon ce qu'ils ont été.

Il ne faut pas oublier non plus que ces principes doivent s'appliquer surtout aux grands de la terre, attendu qu'ils sont réputés les gardiens de la morale publique et les justiciers de la vertu.

Le Comte de Chambord ne saurait donc aller au devant de la famille d'Orléans, mais bien plutôt cette famille doit venir au-devant du prince qui peut seul fonder le droit sur cette pierre que nul ne saurait ébranler sans être coupable de lèze-nation.

Donc, pour être logique et conséquent avec ses principes, le Comte de Paris doit suivre l'exemple donné par
son aïeul le bon roi Henri, et tout sera sauvé.

Croyez, Monsieur, à mes meilleurs sentiments.

J. S.....

A M. LE RÉDACTEUR DE *LA GUIENNE*

Bordeaux, le 2 Février 1872.

MONSIEUR LE RÉDACTEUR,

Il est vraiment étonnant qu'après le Manifeste aussi
clair que glorieux de Mgr le Comte de Chambord, il y ait
encore des hommes assez aveugles, et assez dépourvus
de bon sens pour ne pas voir la lumière qui apparaît si
éclatante à tous les regards.

Et, en effet, il faut vraiment ne pas être un génie
transcendant pour apercevoir et bien comprendre les
leçons de la Providence, car depuis quatre-vingts ans
Dieu nous châtie périodiquement, et pour expier la mort
de Louis XVI, tous les maux ont passé sur la France,
coupable au premier chef de forfaiture !

Qu'on ne vienne donc plus nous parler de partis, tous
sont mauvais, parce qu'ils sont coupables de lutter encore
contre l'évidence des faits qui les condamne et qu'il est
inutile d'énumérer ici.

Orléanistes ou Bonapartistes sont condamnés par l'expérience, et le plus grand de tous nos malheurs serait d'en recommencer l'épreuve. J'ose comparer ses deux partis, aux Juifs charnels d'autrefois qui préférèrent périr misérablement avec leur patrie que d'être sauvés par Celui qui venait leur apporter le salut ! Voilà où l'aveuglement conduit les hommes à parti-pris, que l'ambition tourmente ; ils préfèrent, dis-je, périr misérablement que d'être sauvés par un grand Prince qui est en même temps le plus honnête des hommes !

Ils osent parler d'abdication, et pour qui ? pour les descendants de celui qui vota la mort de son Roi, qui, plus tard, paya de sa tête ce crime horrible ! Pour celui encore qui, en 1830, a ravi la Couronne à Charles X ; et qui plus tard aussi a payé par l'exil cette malheureuse félonie, ce n'est pas possible, même dans l'intérêt des Princes d'Orléans, attendu qu'il faut toujours abjurer l'erreur avant d'embrasser la vérité ; pour porter de bons fruits il faut puiser la sève vitale au tronc de l'arbre qui est le plus noble du monde entier, parce qu'il est le principe de l'auguste Maison de Bourbon ! sans cela, point de salut pour notre malheureuse Patrie ! Que Dieu nous vienne en aide !....

Daignez agréer, Monsieur le Rédacteur, mes salutations bien respectueuses.

J. S....

A MONSIEUR LE PRÉDICATEUR DE Ste-EULALIE

Bordeaux, le 9 Mars 1872.

MONSIEUR LE PRÉDICATEUR,

C'est avec un cœur profondément navré autant qu'humilié et sous l'impression du scandale épouvantable et désolant qui a eu lieu hier soir dans l'église Ste-Eulalie que j'ai l'honneur de vous adresser ces lignes.

Je viens donc flétrir, avec toute l'énergie de mon âme et avec tous les honnêtes gens, la conduite plus qu'infâme, parce qu'elle est impie, de ces hideux profanateurs du lieu saint, afin qu'ils sachent bien que si nous laissons à ces ténébreux personnages la liberté de s'exprimer comme ils l'entendent dans leurs bouges infects, nous entendons garder rigoureusement la nôtre partout, mais surtout dans nos églises. Et qu'il ne soit pas dit qu'un Apôtre dévoré du zèle de la gloire de Dieu et du salut des âmes soit obligé désormais de se taire devant les cohortes hideuses de Beelzébuth !

Malheur à quiconque touche à notre foi, ce ne sera jamais en vain, car nous saurons la défendre, même au péril de notre vie ! Et qu'il ne soit pas dit que dans Bordeaux, ville chrétienne par excellence, un tel scandale se soit produit sans que des voix généreuses et indignées ne se soient faites entendre pour vouer à l'exécration ces lâches et ignobles sacriléges.

En terminant, permettez-moi, Monsieur le Prédicateur, de vous donner mon humble avis. Je crois qu'il vaudrait mieux que votre parole sainte se fît entendre dans l'après-midi à l'heure que vous et M. le Curé choisiriez pour éviter, à l'avenir, de tels malheurs et ne pas priver de la vérité divine les hommes de bonne volonté.

Daignez agréer, Monsieur le Prédicateur, l'hommage de mon profond respect.

J. S.....

A SON ÉMINENCE LE CARDINAL-ARCHEVÊQUE
DE BORDEAUX

Bordeaux, le 1er Mai 1872.

ÉMINENCE,

Il y a bien longtemps déjà que je désirai vivement exprimer à notre bien-aimé Cardinal les sentiments pleins de reconnaissance dont mon âme déborde; car ayant été appelé par notre excellent Curé à remplir un vide regrettable dans son Conseil de Fabrique, je voulais, dis-je, saisir l'occasion tant désirée pour exprimer de vive voix à Votre Éminence, lors de sa prochaine visite pastorale à Sainte-Croix, toute la reconnaissance dont mon cœur est rempli, ainsi que celui de toute ma famille, pour toutes les bontés dont Votre Éminence a daigné combler notre beau -frère M. l'abbé Bidon.

Daignez croire aussi, Éminence, que notre gratitude ne faillira pas; car dès que de grandes souffrances sont venues Vous éprouver et jusqu'à la fin du Saint Concile Œcuménique du Vatican, nous n'avons jamais cessé de prier afin que le Seigneur Vous assistât dans toutes vos voies. Notre attente n'a pas été trompée; car Vous êtes devenu, Éminence, par votre foi inébranlable, une des principales Colonnes du nouveau Dogme défini, pour le salut de tous, en ces temps de troubles profonds.

Et si à son arrivée dans sa ville archiépiscopale notre éminent Archevêque n'a pas été porté en triomphe, comme autrefois les Pères du Concile d'Éphèse, il faut s'en prendre à la lâcheté de nos jours, attendu que le nombre des croyants est assez grand pour qu'il n'y ait aucune crainte d'être molesté dans la manifestation de la foi Catholique et de ses principes éternels!

Notre dévoûment, Éminence, a toujours été et sera toujours sans bornes! Nous ne désirons tous qu'une chose, c'est qu'il soit mis à l'épreuve, et avec l'aide de Dieu, nous ne ressemblerons jamais à ces malheureux détracteurs de la foi qui ont osé affliger le cœur du meilleur des pères et du plus grand des Évêques!...

C'est avec ces sentiments, Éminence, que ma famille et moi nous nous mettons avec respect à genoux à vos

pieds et vous demandons très-humblement votre paternelle bénédiction.

J. S.....

Bordeaux, le 20 Mai 1872.

A M. DABADIE, RÉDACTEUR DE *LA GUIENNE*

MONSIEUR LE RÉDACTEUR,

Permettez-moi de vous soumettre quelques pensées;
votre esprit judicieux décidera si vous devez les publier
dans votre estimable journal. — Les voici :

Les peuples qui sont tombés dans l'incrédulité, Dieu
les punit en leur donnant des maîtres plus ou moins des-
potes, mais toujours envoyés pour exécuter sa justice.
C'est ce que nous voyons depuis 80 ans. Tour-à-tour
nous avons vu passer trois républiques et les deux Bona-
partes, véritables fléaux de l'humanité. Si les malheurs
inénarrables qui depuis ce temps ont frappé la France ne
suffisent pas pour nous ouvrir les yeux, c'en est fait de
nous, il faudra fatalement tomber dans l'abîme creusé
par nos mains.

Que faut-il donc faire? Il faut revenir au principe re-
présenté par M. le comte de Chambord, qui seul porte

en lui la sève nécessaire pour nous régénérer et, avec l'aide de Dieu, pour nous sauver à tous.

Il faut revenir aussi, sans retard, à la foi de nos pères, nous attacher sincèrement à l'Église romaine, qui seule a les paroles de la vie éternelle, c'est-à-dire qu'elle possède la vérité, la force et la véritable vie. En un mot, reprendre la mission que la France a glorieusement remplie pendant plus de dix siècles, ce qui faisait dire à un grand Saint qu'après le royaume du Ciel. c'était celui de France qui était le plus beau !

Qu'on ne s'y trompe pas, Satan a des serviteurs bien nombreux, et si nous n'y prenons garde, les flots envahisseurs nous submergeront bientôt ; hâtons-nous donc de poser des digues à cet esprit mauvais qui va répandant partout le crime et l'anarchie.

La mission des Rois n'est pas d'enrayer la liberté, bien au contraire, elle est de la régler par de sages lois, et par là empêcher les mauvais esprits de corrompre les masses par des écrits impies, malséants et pervers, répandant sans cesse dans les cœurs le levain de la corruption et de la révolte ; cette vérité n'a pas besoin d'être démontrée, ce que nous avons vu jusqu'ici le prouve suffisamment.

Je conclus donc que ni les républicains, ni les bonapartistes, pas plus que les d'Orléans, ne sauveront la France, à Henri V seul est réservée cette sublime mission, parce qu'il est le droit incontestable, de plus, il porte en lui la force et les vertus nécessaires pour l'accomplir dans un temps prochain.

3

Porter sa pierre à la reconstruction de l'édifice social,
c'est le devoir de tout bon Français.

Daignez agréer, Monsieur le Rédacteur, mes salutations
respectuéuses,

J. S.....

Bordeaux, le 12 Août 1872.

A M. LE RÉDACTEUR DU JOURNAL *LA GUIENNE*

MONSIEUR LE RÉDACTEUR.

Dans un récent numéro, le *Courrier de la Gironde*
réédite une opinion qui a été bien souvent et péremptoi-
rement réfutée par vous.... Malgré cela, voudriez-vous
avoir l'obligeance d'insérer ces quelques lignes, qui,
d'après moi, ne devraient laisser prise à aucune équivoque touchant la foi politique de vos lecteurs envers le
Courrier, qui semble en avoir une.

Et, en effet, comment admettre, sans danger de périr
entièrement, des principes si faux et si véreux que ceux
créés par la révolution de 1830 ? Il est vraiment étonnant
qu'après les malheurs inouïs qui nous ont frappés, de
rencontrer encore des hommes pour les soutenir; nous
ne cesserons de répondre à ceux qui osent nous rappeler
cette époque néfaste, que Louis-Philippe ne craignit pas

d'accepter, malgré son serment de soutenir le Roi au moment du danger, cette couronne tombée d'un auguste front qui avait su la porter dignement et aussi glorieusement. Et il faudrait, d'après le *Courrier*, revenir encore aux mêmes errements; il ne voit le salut que là. Il pense sans doute que la France est à cette heure tombée si bas, qu'elle n'a plus conscience du mal qui la ronge. Toujours d'après le même système, il faudrait, pour lui plaire, lui accorder tous les remèdes, comme aux phthisiques, excepté ce qui pourrait la grandir et la sauver. Voilà où en sont arrivés les hommes sans principes véritables, c'est-à-dire, au néant !

Donc, venir nous dire aujourd'hui que c'est au Comte de Chambord de venir abdiquer en faveur des d'Orléans, c'est nous dire que le salut n est plus possible; car, pourquoi les d'Orléans plutôt qu'un autre, puisqu'on méprise les principes constitutifs qui ont fait notre patrie si glorieuse et si grande ? Je ne vois pas pourquoi on n'accepterait pas le premier venu, pourvu qu'il fût doué d'une audace et d'une force assez puissantes pour enfourcher le pouvoir et nous flanquer la chelague, comme nous le méritons, puisque nous aimons mieux le mal que le bien, et l'erreur plus que la vérité.

Que le *Courrier* se le tienne donc pour dit : il n'y a de salut que dans la monarchie légitime; que les princes d'Orléans, que je respecte profondément, le sachent bien, c'est à eux à donner l'exemple de l'union; il faut, à l'heure qu'il est, constituer sérieusement et fortement un

seul parti, qui est celui du droit monarchique. Tout bon
Français, quel qu'il soit, est appelé à concourir à cette
œuvre éminemment patriotique, ou bien un jour viendra,
peut-être n'est-il pas loin, où l'on dira : Comment cela
s'est-il fait, que ce grand peuple Français ait péri? On
répondra : C'est parce qu'il a aimé l'iniquité et préféré les
méchants qui l'ont conduit dans l'abîme où il s'est pré-
cipité.

Malheur, malheur à ceux qui en seront la cause ; ils
seront punis eux aussi selon leur duplicité !

Daignez agréer, Monsieur le Rédacteur, mes salutations
bien sincères et dévouées.

J. S.....

Bordeaux, le 17 Octobre 1873.

A M. EMILE CRUGY
RÉDACTEUR EN CHEF DU *COURRIER DE LA GIRONDE*

MONSIEUR LE RÉDACTEUR,

Je commence cette lettre pour vous assurer de mon admiration touchant l'article du 14 courant. où vous vous
indignez avec tant de vigueur et de noblesse contre l'Em-
pire, ses fauteurs et ses criminels adhérents. Encore une

fois, Monsieur, ce que vous dites est très-beau, très-juste et très-bien !

Mais pourquoi deux poids et deux mesures , et ne garder d'indignation que pour les crimes de cette race déchue, tandis qu'avec un peu plus de justice et un peu moins de parti pris, vous pourriez avoir le même mépris et qualifier comme elle le mérite la conduite déloyale, pour ne pas dire plus, que le duc d'Orléans osa tenir envers son roi.

Il ne s'agit pas ici d'équivoquer, car, s'il y a eu quelque chose de condamnable sur la terre, c'est l'escamotage d'un trône par celui qui avait juré de le défendre.

Je n'ai pas besoin de faire passer sous vos yeux la conspiration de 15 ans qui devait nécessairement amener la catastrophe des journées de Juillet 1830. Bonaparte avait au moins les apparences de la légalité, puisque la Nation l'avait, par un vote inconscient, lavé en quelque sorte de ses crimes, et avait assumé sur elle toutes les folies dont il serait encore capable.

Le duc d'Orléans, en ravissant subrepticement la couronne de Charles X, ne fit que prêter la main à la plus astucieuse comme à la plus criminelle des usurpations. Il abandonna du même coup les intérêts de son pupille, quoique chargé par le roi et par la loi de les défendre.

Mais la justice de Dieu se chargea de punir ce prince ingrat et ambitieux en permettant que, pendant son règne, sa personne servit de cible à tous les hideux bandits d'alors, pour lui faire expier, par ce supplice, tous les crimes qu'il n'avait pas su empêcher pendant et après son intronisation. Il laissa saccager l'archevêché et poursuivre comme une bête fauve l'archevêque de Paris. Il fit conduire en prison, comme une vile criminelle, la plus héroïque des mères, qui était en même temps sa nièce, et fille et mère de roi.

C'est encore sous son règne qu'on inventa les fameux gourdins brisés pour casser les jambes à ceux qui avaient aidé à le mettre au pavois. Tenez, Monsieur, j'ai vu à cette époque des ouvriers pleurer amèrement pour avoir contribué à renverser Charles X, (qui aimait le peuple, lui!) pour introniser cet Arpagon, comme ils l'appelaient alors ; c'est encore Louis-Philippe qui, le premier, mit les travaux de la Cour à l'adjudication, ce qui indigna profondément toute la classe ouvrière.

C'est ce même roi qui trouva constamment de bonnes paroles, mais jamais un écu pour soulager les plaies sociales. Ce monarque devait donc partir comme il était venu, c'est-à-dire, en se sauvant comme un intrus, tandis que Charles X partit en véritable roi qu'il était, tout en étant prié de rester et de rentrer dans Paris, s'il voulait bien retirer les ordonnances qu'un Ministère imprévoyant lui avait fait lancer.

Voilà, Monsieur, de l'histoire vraie, inattaquable ; j'en ai été témoin de visu, puisque j'étais moi-même parmi la classe ouvrière de cette époque.

Flétrissez donc avec moi tous ceux qui ont mérité de l'être et travaillons ensemble à la restauration du droit, si frauduleusement violé par ceux qui devaient pratiquer toujours l'exemple du contraire.

Il est donc bien évident aujourd'hui que la France n'aurait jamais subi une seconde fois la honte des Bonaparte, si le duc d'Orléans avait fait son devoir de prince du sang, et la Maison de Bourbon, restant unie, elle fut restée toujours glorieuse autant qu'invincible, et la France prospère autant que fortunée; c'est je pense, Monsieur, ce que vous désirez de grand cœur, tout en prenant le chemin opposé pour y arriver. C'est là ma profonde conviction, car, voyez-vous, j'aime encore mieux la justice que ma propre vie, et je suis prêt, s'il le faut, à mourir pour la défendre.

Je conclus donc que ce serait faire une grave injure aux Français, que de supposer qu'ils ont précisément de l'aversion pour le principe légitime, parce que le prince qui le représente est le plus honnête, le plus intelligent et le plus irréprochable des hommes, j'ajouterai même le seul entre tous capable de mener à bonne fin la tâche ingrate autant que désastreuse où nous sommes plongés. Non, ce n'est pas possible, la France ne saurait être criminelle à ce point de ne plus accepter désormais que des monarchies d'expédient, parce qu'elles ont une base véreuse et illégitime.

J'ai l'honneur, Monsieur, de vous saluer fraternellement.

J. S.....

Bordeaux, le 1er avril 1873.

A MONSIEUR MARTINELLY, CORRESPONDANT
DE *LA GIRONDE*

MONSIEUR,

Permettez à un simple citoyen, mais fils dévoué et soumis de l'Église Catholique de venir relever une erreur qu'on croirait volontaire tant elle est banale ; cette erreur, la voici : c'est au sujet de l'*Infaillibilité doctrinale du Pape.* Vous insinuez dans votre article d'hier soir, que le Saint-Père n'a en vue que sa propre élévation, tandis qu'il n'en est rien, attendu que ce Dogme était préexistant depuis que le divin Maître l'avait affirmé en disant à Pierre qu'il avait prié pour lui pour que sa foi ne faillisse jamais, et qu'il devait aussi jusqu'à la consommation des siècles paître les Agneaux et les Brebis du troupeau qui lui fut alors confié, et cette sollicitude pastorale s'étend à tous les temps et à tous les peuples de l'Univers.

Le Concile Œcuménique du Vatican n'a donc rien inventé de nouveau, il n'a fait que se conformer aux précédents Conciles qui avaient défini des Dogmes qui n'avaient jamais cessé d'être crus dans l'Église, mais que les besoins des temps exigeaient, et aussi pour la direction des fidèles afin qu'ils ne tombassent pas dans l'erreur. Le Concile, dis-je, a pensé que le temps était venu de

définir le Dogme de l'*Infaillibilité* pour toutes les questions doctrinales où le Pape parlerait *ex Cathedra*.

Il faudrait donc être d'une bien grande mauvaise foi
pour dire qu'on a voulu grandir la puissance du Pape ;
non, non, il n'en est point ainsi ; le Pape actuel n'est pas
plus puissant que ses prédécesseurs, seulement la lumière
s'est faite plus grande, pour tous les hommes de bonne
volonté, et l'équivoque a disparu sur ce point, au grand
regret des méchants.

Vous ajoutez ensuite : « que l'Église est près de périr,
et que ceux qui la soutiennent la sauveront s'ils le peuvent. » Non, Monsieur, rassurez-vous, l'Église n'est pas
prête de périr, car si ce danger existait réellement, nul
homme au monde, pas plus que les peuples de la terre,
ne pourrait la sauver. Mais il y a le divin Pilote qui a toujours su et qui saura jusqu'à la fin des temps diriger seul
la barque de Pierre contre les vents déchaînés des passions
de la terre, et aussi contre cet esprit impur d'iniquité et
de mensonge qui prend toutes les formes séduisantes pour
entraîner les hommes dans l'abîme de la perdition éternelle où il est tombé lui-même à tout jamais !....

Voilà, Monsieur, la vérité simplement exposée, et tous
les sophismes et les arguties des philosophes anciens et
modernes ne sauraient prévaloir contre elle. Ma foi à son
égard est invincible, et je prie tous les jours pour tous
ceux qui n'ont pas le bonheur de la posséder.

Agréez, Monsieur, mes sincères salutations,

J. S.....

Bordeaux, le 7 avril 1873.

AU TRÈS-RÉVÉREND PÈRE ***

Mon Très-Révérend Père,

Si nous ne craignions d'offenser Dieu nous nous réjouirions beaucoup ma femme et moi du prompt retour de notre fils, car Votre Révérence n'ignore pas qu'un père, et une mère surtout, ont un cœur de cire pour leurs enfants, lorsque ceux-ci correspondent parfaitement à leur affection paternelle. Et c'est précisément le caractère particulier de notre cher William, pour ne pas dire de tous ses frères et sœurs. Nous osons donc espérer que Dieu nous pardonnera cette faiblesse bien naturelle.

Nous devons ajouter que l'éloge que votre grande bonté a daigné faire de notre fils nous oblige à une reconnaissance éternelle !... Quant à ce qui nous concerne, nous laissons à Dieu, mon Très-Révérend Père, le soin de vous en récompenser, attendu que nous nous reconnaissons être trop au-dessous de cette tâche.

Veuillez aussi, mon Très-Révérend Père, recevoir, à titre de gratification, la somme de cinquante francs que nous vous envoyons par la poste, comme un bien faible dédommagement du passage de notre fils dans votre sainte et vénérée Maison. Nous regrettons vivement de ne pouvoir faire davantage, dans ces moments bien difficiles.

Daignez agréer, mon Très-Révérend Père, les hommages très-respectueux de vos bien dévoués serviteurs.

J. S.....

Bordeaux, le 24 Avri 1873

A MONSIEUR RATEAUX

MON CHER RÉDACTEUR RATEAUX,

Je viens de recevoir votre honorée qui m'a fait infiniment plaisir. Mais, surtout, la franchise avec laquelle vous avez cru devoir faire quelques observations à ma manière d'envisager les questions actuelles, et au point de vue où je me place pour les résoudre.

Il est cependant bien évident, d'après moi, que ce qui fait le malheur de notre époque, c'est de rencontrer la nonchalence là où il devrait y avoir toujours la plus grande activité; attendu que ceux qui ne veulent rien faire ont tant à perdre de rester dans l'inaction, tandis que ceux qui ne possèdent rien ou peu se remuent beaucoup pour pêcher, s'ils le peuvent, en eau trouble.

C'est vous dire, Monsieur, que j'accueille vos idées
sur la monarchie libérale! Mais qui sera assez puissant
pour remuer cette masse inerte qu'on appelle les satisfaits
et les insoucieux, nul ne le sait. Mais ce que je sais bien,
moi, c'est que la franchise est absente des consciences,
c'est que nul n'ose franchement avancer ses préférences;
et je dis que c'est un grand mal, surtout dans notre société se disant civilisée, que la crainte de s'affirmer pour
le bien, tandis que les méchants ne craignent pas, eux,
de bouleverser tout pour arriver à leur coupable désir!
Qu'on y prenne garde, je crois que là est le grand mal
actuel.

Vous me dites aussi, Monsieur, que la conclusion de
ma lettre pourrait atteindre le but opposé que j'en at-
tends, et que le ridicule pourrait m'atteindre!... Là encore, je suis de votre avis, car il est de bon ton, aujour-
d'hui, de rire de tous les principes sociaux qui ont une
valeur réelle. Et, en effet, qu'y a-t-il de plus grand sur
la terre que cette grande et noble race des Bourbons, qui
ont fait la France la plus haute, la plus glorieuse et la
plus respectée des nations. Il faudrait vraiment être descendu bien bas dans sa propre estime, comme dans l'estime de ses adversaires, pour craindre la dérision là où
tous les honnêtes gens devraient se faire gloire d'être
d'accord, puisqu'en désirant le retour du descendant di-
rect de la plus ancienne race royale qu'il y ait au monde,
nous ne faisons que désirer le retour de nos gloires et de
notre honneur national.

Je dois ajouter que si la Maison de Bourbon fût restée unie, jamais nous n'aurions eu la honte de perdre les nobles provinces que, par deux fois, l'invasion nous a fait subir, en nous enlevant aussi nos milliards, et nous laissant en perspective l'infâme commune et l'anarchie.

Maintenant, mon cher Monsieur Rateaux, je n'empêcherai jamais à mes adversaires de tirer une autre conclusion que la mienne, seulement, je crois sincèrement que nous ne reprendrons ce que les Prussiens nous ont volé, qu'avec Henri V., dont les ancêtres nous avaient si bien arrondis! c'est avec le droit qu'on rentre dans le droit, autrement on se débattra dans le vide sans aucun résultat. C'est là, toute la question qui devrait nous intéresser à tous, puisqu'elle est la seule qui touche à notre honneur.

Recevez en terminant, Mon cher Monsieur Rateau, mes amitiés bien sincères.

J. S.....

Bordeaux, le 20 Juin 1873.

A MONSIEUR GAMBETTA

Monsieur,

C'est avec un bien sincère regret que je viens aujourd'hui vous dire que les discours que vous avez prononcés en divers lieux, notamment à Grenoble, ont déjà porté leurs fruits ; et il n'est pas besoin d'être un esprit transcendant pour y découvrir l'ambition dont vous êtes poursuivi. Et, en effet, les paroles virulentes que vous avez débitées contre l'Assemblée nationale, vous conduisent infailliblement à l'opposé du but que vous voulez atteindre. Cependant ces paroles nous donnent aussi la mesure de ce que vous feriez si vous arriviez un jour au pouvoir. Il n'y a point à douter que vous seriez le plus grand despote qui ait pesé sur un peuple malheureux. Napoléon Ier lui-même n'aurait été qu'un agneau auprès de votre tyrannie.

Il est donc bien évident, qu'en vous acceptant, la France tomberait aux derniers rangs des nations civilisées et, si jamais elle voulait vous avoir pour maître, elle se déshonorerait à tout jamais. Maintenant passons en revue ce que vous débitiez dans un de vos discours, car vous semblez prophétiser l'avenir :

Le temps est proche, disiez-vous, où nous n'aurons plus, contre nos idées, qu'un ennemi à combattre, c'est-à-dire la religion et ses ministres, comme étant, d'après vous, les fauteurs de réaction et de ténèbres. Il faut avouer ici que vous choisissez bien votre public, pour oser lui tenir un tel langage, sans soulever à l'instant son indignation contre vous et vos doctrines impies. Car, sous prétexte de l'éclairer, vous le jetez dans un dédale d'erreurs grossières. Les prêtres, dites-vous, sont des hommes de ténèbres ; mais, d'où vient donc la lumière et sa conservation d'ici-bas, sinon de la religion et de ses ministres ?

Voyez plutôt dans le moyen-âge, lorsque tout était obscurci, les hommes ne connaissant plus que la loi du plus fort, dans ce cahos inextricable, où rencontra-t-on la lumière ? Ce n'est certes pas dans vos rangs, mais bien dans les rangs du clergé de tous grades, ainsi que dans les monastères, dont vous haïssez encore si cordialement les pieux et savants habitants.

Oui, j'ose le dire, si la religion était pleine d'erreur et de mensonges, comme vous osez l'insinuer à vos badauds, vous n'en parleriez pas tant, car vous auriez l'assurance qu'elle périrait bientôt; car toutes les erreurs sont condamnées à disparaître devant la lumière comme les ténèbres devant le soleil. Je soutiens donc qu'en l'attaquant, vous prononcez vous-même votre propre condamnation, attendu que les erreurs criminelles que vous vous efforcez de répandre, se retourneront un jour contre vous et vous feront expier tout le mal que vous avez voulu faire aux autres.

Vous dites encore que la religion est incapable de faire des hommes virils. Mais d'où sont donc sortis les Bossuet, les Fénelon, les Bourdaloue et les Massillon? D'où sont sortis encore les hommes de guerre, tels que les Montmorency, les Turenne, les Condé, les Villars, et tant d'autres? Dans les Lettres et la Magistrature, on rencontre aussi les Daguesseau, les Harlay, les Lamoignon, les Montaïgne, les Pascal, les Molière, les Corneille, les Racine, et Voltaire lui-même qui fut assez infâme pour déchirer le sein de celle qui l'avait nourri de son lait le plus pur? Honte donc à lui et à tous ceux qui lui ressembleront à l'avenir.

D'après cet exposé, vous dévez apercevoir, Monsieur, que la France n'a pas attendu votre naissance pour posséder des hommes vraiment dignes d'elle. Et soyez certain que votre blague de Gênois (passez-moi le mot), n'en fera descendre aucun de son piédestal, et que malgré vos talons de bottes vous n'atteindrez jamais à la cheville du pied d'aucun d'eux.

Vous devez voir déjà, Monsieur, qu'il y a encore des hommes chez le vrai peuple qui ne sont pas prêts à fléchir le genou devant votre omnipotence d'emprunt. Mais qui, par des raisons sérieuses, sont prêts à dévoiler ceux qui, comme vous, veulent amonceler les vraies ténèbres sur notre malheureuse patrie! Car en cherchant comme vous le faites, à élaguer de tout enseignement la religion et la bonne foi de nos aïeux, vous pensez faire des demi-savants, boursoufflés comme vous d'un orgueil intempestif! et voire même de véritables dupes. C'est là le but que vous voulez atteindre, et par ce moyen assouvir votre soif inextinguible de gouverner les hommes, vous ne reculez même pas devant une hétacombe pour arriver à vos fins, dussiez-vous ne commander qu'à des ruines.

Si ce que je viens de dire contre vous, Monsieur, est un peu violent, je ne crois pas avoir outrepassé la logique de vos discours, malgré ma bonne volonté je n'ai pu y trouver autre chose.

Je conclus donc, en espérant fermement que Dieu

n'abandonnera pas notre bien-aimée France, et que, malgré les attaques de ses ennemis mortels, elle restera toujours la Fille aînée de l'Église. La puissance de sa foi est encore si grande, qu'elle se manifeste encore de nos jours par des pèlerinages nombreux aux Sanctuaires bénis de la Mère de Dieu. Puissent ces manifestations pacifiques faire reculer les nombreuses légions, vomie par l'enfer, et qui avaient juré notre perte, retomber dans l'abîme d'où elles sont sorties, et courber aussi la tête des méchants devant la bienfaisante lumière de l'Église Catholique notre Mère à tous!... c'est le vœu bien sincère d'un humble prolétaire qui aime Dieu, la patrie et la liberté.

Je n'en reste pas moins, Monsieur, votre humble serviteur.

J. S.....

———»»›○○‹‹———

DISCOURS

PRONONCÉ

DEVANT LE CONSEIL DU CERCLE CATHOLIQUE DE SAINT-NICOLAS DE BORDEAUX

(20 JUILLET 1873)

Les Pères de l'Église, ainsi que tous les philosophes chrétiens, sont unanimes touchant la question de l'amélioration des classes inférieures de la société. Il faut,

4

disent-ils, beaucoup de prudence réunie à une grande sagesse pour instruire le peuple. Mais la difficulté augmente encore lorsqu'il s'agit de refaire l'éducation morale aux adultes et aux hommes faits appartenant tous aux classes ouvrières et d'autant plus rétifs aux bons conseils des gens de bien, qu'ils sont pétris eux-mêmes de suffisance et d'orgueil puisés aux sources impures des romans pervers et des journaux infâmes de la démagogie.

Que faut-il donc faire, Messieurs? D'après moi, il faudrait pour arriver à un bon résultat, et mener à bien la direction des Cercles Catholiques, employer tous les moyens de persuasion qui sont entre nos mains, c'est-à-dire préposer les plus sages d'entre nous pour surveiller les faits et gestes de tous ceux qui sont sous notre direction, les reprendre charitablement à chaque faute commise par eux, ne jamais oublier qu'ils sont nos frères en Jésus-Christ, et qu'à ce titre ils ont droit à tous nos égards. Notre charité doit s'exercer largement sur eux. Mais si, en désespoir de cause, nous ne pouvions parvenir à faire accepter nos réglements et nos principes à quelques-uns d'entre eux, alors, mais seulement alors, nous prendrions les moyens très-rigoureux qui sont entre nos mains, en expulsant sans miséricorde de notre sein, les brebis galeuses qui pourraient empoisonner le troupeau et entraîner la ruine et la mort de nos bien-aimés Cercles.

Maintenant, Messieurs, c'est à chacun de nous et selon notre aptitude, à aller puiser chez nos auteurs sacrés la science qui nous manque. Mais celle que nous possédons est déjà suffisante pour commencer la tâche qui n'est encore qu'à son ébauche, et qu'avec la grâce de Dieu nous mènerons à bien pour le salut social.

En terminant permettez-moi de vous rappeler les conseils que saint Jean donnait aux fidèles de son temps. Il leur disait : « Mes petits enfants, aimez-vous les uns les autres. » Et il répondit ceci à quelqu'un qui lui demandait pourquoi il disait toujours la même chose : « C'est que si vous le faites, dit-il, cela suffit. »

Après saint Jean, je dis donc que la science de l'amour est la seule capable de vaincre tous les obstacles et de ramener aussi les natures les plus indomptables et les plus rétives dans la voie du bien.

J. S.....

DISCOURS FRATERNEL AU CERCLE CATHOLIQUE
LE 25 JUILLET 1873

Le salut de la France viendra
certainement du Ciel.

Messieurs,

Les jours que nous venons de traverser sont tellement prodigieux, qu'il faudrait être vraiment plus que sceptique pour ne pas apercevoir dans les événements si subits

que nous venons de voir, la main de la Bienheureuse
Vierge qui non-seulement est notre Mère à tous, mais
encore notre guide le plus sûr, pour arriver au port du
salut. Oui, Messieurs, les desseins de Dieu tout impéné-
trables qu'ils soient, ne laissent cependant pas le chrétien
fidèle dans les ténèbres épaisses où se complaisent les
impies, mais ils le conduisent dans le chemin de la véritable lumière où brille et brillera jusqu'à la fin des temps
le Cœur sacré et brûlant d'amour du divin Redempteur.

L'Église, Messieurs, par l'organe d'un de ses illustres
Pontifes, donna aux Rois de France le titre glorieux de
Fils aîné de l'Église, et ce n'est pas en vain, car notre nation très-chevaleresque avait compris cette noble mission
et l'avait remplie glorieusement jusqu'au XVIIIe siècle,
et cette mission fut scellée en 93 d'odieuse mémoire, par
le sang du plus juste, du plus pur, du plus parfait de nos
rois, qui mourut saintement sur l'échafaud en pardonnant à ses bourreaux comme l'avait fait jadis pour le salut du monde le Divin Crucifié.

Ne désespérons donc jamais, Messieurs, du salut de notre malheureuse mais bien chère patrie, puisque à l'heure
qu'il est, nous voyons des prodiges dignes des premiers
âges : notre Société de la Grande Famille du Très-Saint-
Sacrement, appelée à unir tous les hommes de bonne volonté par les liens communs de la charité fraternelle;
n'est-elle pas un prodige dans ces temps de décadences
morales; et la Société des Cercles Catholiques qui, dirait-
on, a été fondée pour élargir encore le Cercle bienfaisant

de notre action pacifique ! Et en effet, Messieurs, n'est-il pas admirable de voir les fondateurs de ces Cercles sortir des rangs de la plus haute noblesse que la France ait produit soit dans l'armée, soit dans la magistrature, et protégés par nos plus grands évêques, et en particulier par notre éminent Cardinal; oui, Messieurs, les de Mung et les de Montesquieu, de glorieuse mémoire, nous donnent encore aujourd'hui dans leurs descendances, de si beaux exemples de dévouement et de désintéressement, qu'il nous est impossible de douter que Dieu ne réserve encore à notre glorieuse patrie, une puissante et sainte mission qu'elle acomplira avec l'aide de la Sainte Vierge, pour notre salut à tous et celui des nations qui elles-mêmes, glorifieront ce prodige.

Quant à nous, Messieurs, unissons-nous davantage encore, et que de notre union fraternelle jaillisse l'accroissement toujours plus grand de notre belle Société qui, un jour, j'ose l'espérer, qui n'est pas loin, servira de fondement à la rénovation sociale de la France.

J. S......

Bordeaux, 28 Juillet 1873.

Lettre adressée aux ouvriers typographes de la Gironde, par un ouvrier maçon :

Chers Camarades,

Étant constamment en contact avec toutes sortes de savants, à cause précisément de votre état de typographe, vous devez nécessairement être plus éclairés que nous autres, pauvres maçons, qui ne faisons chaque jour que pétrir le mortier et ajuster les pierres pour faire des murs et bâtir des maisons ; nous avions cru cependant jusqu'à ce jour être un peu au-dessus des *caniches* et des *pourceaux*, à cause de cette supériorité qu'a l'homme sur le reste de la création ; nous avions, dis-je, cru reconnaître que si l'homme est né progressif — comme toutes ses œuvres l'attestent — il ne l'était que parce qu'il est intelligent, et, par cela même, capable de modifications. L'animal, lui, malgré l'instinct qui le guide, ne progresse jamais ; donc il est brute. Et notre conclusion étant que l'homme devait nécessairement être progressif, par cela même, il devait avoir positivement une autre destinée que la brute.

Nous nous étions bien trompés, car aujourd'hui, un philosophe fameux, sous la direction du grand Massicault, approuvé par l'illustre M. Beurier de la *Gironde,* vient de prouver qu'il n'y avait ni Dieu, ni diable, et qu'il fallait à tout prix que cela soit ainsi pour fonder définitivement la République, à moins de la voir disparaître à tout jamais sous les coups redoublés de ces infâmes cléricaux; il a prouvé de plus que l'idée rétrograde de Dieu empêchait de l'asseoir sur sa base.

Eh bien! puisqu'il en est ainsi, travaillons donc tous, tant que nous sommes, au salut de la République, puisquelle est notre déesse et seule capable de nous rendre heureux ici-bas, d'autant plus heureux qu'il ne faudra jamais plus compter de l'être là-haut attendu qu'ici la preuve en est donnée.

D'après ces principes irréfutables; nous espérons bien que les plus illuminés, c'est-à-dire, les patrons qui vous dirigent si parfaitement, vont commencer chez eux à mettre en pratique ces belles théories pour que désormais il n'y ait plus que des frères, et, au lieu de ces mots malsonnants de prolétaires et d'aristos, de maîtres et de serviteurs, de patrons et d'ouvriers, qu'on n'entende plus que ces mots bienveillants de frères, frères, frères !

Et dire que nous pouvons obtenir tous ces bienfaits, si nous le voulons, puisque nous sommes le nombre.

C'est donc bien entendu, nous aviserons au plus tôt. En attendant, nous devons proclamer que c'est à la *Gironde* que revient l'honneur d'avoir révélé de si belles choses ; elle a sans doute mis en pratique cette religion nouvelle. Donc, à partir de cette époque mémorable et en attendant que ces fameux principes puissent passer dans le corps social tout entier, la rue de Cheverus a la gloire de posséder une de ces maisons modèles où tout est en commun, car tous mangent à la même gamelle, tous bénéficient du même revenu, tous réunis vont à la campagne, au théâtre, au Jardin-des-Plantes, que sais-je encore... enfin, tous possèdent ensemble le bonheur le plus parfait, quoi !....

Mais pardieu il le faut bien, car autrement on se fiche pas mal de nous, en venant nous blaguer qu'il n'y a rien à attendre, après notre mort, pour ensuite nous faire bucher comme des nègres toute la vie pour le bon plaisir d'enrichir ces beaux messieurs, aller après cela mourir à l'hôpital.

Non, non, cela ne saurait être ainsi, et il faut de deux choses l'une : ou qu'ils nous rendent le Ciel avec nos espérances, ou qu'ils partagent avec nous tout ce qu'ils ont, pour que nous puissions comme eux goûter le ciel terrestre tant envié par eux. Alors, mais seulement alors, nous croirons à leurs doctrines, sinon : non ; et nous les enverrons au diable, pour qu'ils tâchent de s'arranger avec lui ; tandis que nous, nous reviendrons aux éternels principes : la Foi, l'Espérance et la Charité, qui sont les seuls apanages des ouvriers vraiment dignes de ce nom.

Pseudonyme, J. ROMAIN, dit BOUCHE-DE-FER,
Ouvrier maçon, rue du Hamel, 60.

Auteur, J. S.

LETTRE ADRESSÉE A TOUS LES HOMMES DE BIEN
A QUELQUE PARTI QU'ILS APPARTIENNENT

MESSIEURS,

Dans ce temps de misérables divagations sur le droit, sur la justice et sur la vérité si mensongèrement travesties de nos jours, serait-il permis à un humble artisan de venir dire un simple mot sur toutes ces questions actuelles et pendantes. Je crois en avoir le droit et je le mets en pratique.

Je commence donc par dire qu'il faut aux grands maux qui nous menacent de toutes parts de grands remèdes, et ces remèdes, on ne saurait trop le répéter, sont de combattre, par tous les moyens possibles, pourvu qu'ils soient honnêtes, la presse radicale qui se dit mensongèrement républicaine, tandis qu'elle n'est en réalité qu'anarchique ; elle sème chaque jour aux quatre coins du monde, des idées impies, délétères et dissolvantes ; c'est une marée montante qui submergera bientôt, si on ne lui oppose des digues infranchissables, l'univers tout entier.

Et ces digues ne sauraient avoir de résistance sérieuse que dans l'union de tous les hommes de bien, à quelque parti qu'ils appartiennent, se donnant la main partout et jusqu'au fond de la dernière bourgade de nos campagnes, et tous mus par un but commun, qui est le salut de tous,

mais surtout l'expulsion de tous les journaux anti-reli-
gieux.

Car l'esprit de cette presse infernale est sans cesse et
partout le même. Et depuis le journal de M. Gambetta
jusqu'aux plus petites feuilles rouges de province, toujours vous ne lirez dans ces divers écrits que les mêmes
turpitudes, constamment la calomnie et le mensonge,
l'insulte aussi contre l'Église et ses Ministres. Elle est
toujours du côté des oppresseurs contre les opprimés, se
disant libérale, tandis qu'elle n'est qu'hypocrite et astucieuse. Elle espère par ces indignes moyens, arriver à
l'abrutissement des masses populaires, et aussi parvenir
à corrompre la bourgeoisie, qui malheureusement a les
défauts de la noblesse d'avant 89, et des tendances aussi au
sybaritisme et à l'incrédulité, surtout dans nos campagnes, se croyant avec cela très-capable de diriger les
autres, tandis qu'elle se laisse simplement diriger elle-
même par cette presse immonde, et conduire dans le
creuset sanglant où la noblesse tomba alors, par son im-
prévoyance et sa trop grande légèreté, et aussi par son
oubli de Dieu et de tous ses devoirs sociaux.

Que tous les hommes de bonne volonté y réfléchissent
et qu'ils mesurent, s'ils le peuvent, la distance qu'il y a
entre l'heure présente et l'abîme entr'ouvert, et qui va
chaque jour s'agrandissant sous nos pas ; qu'ils répondent,
s'ils sont bien certains de ne pas y tomber ?... Non, ils ne
répondront pas ! attendu qu'ils aiment mieux s'étourdir et
croire, avec la radicaille, qu'il n'y a pour l'homme ici-

bas, que les jouissances matérielles et, qu'après avoir vécu comme la brute, leur désir serait de mourir de même.

- Voilà, ô hommes, la destinée qui vous est faite; mais prenez-y garde, l'intelligence qui est en vous ne saurait périr, et cette triste destinée ne vous sera pas même donnée, car qui dit intelligence dit responsabilité, et s'il y a responsabilité, il y aura un juge tout-puissant pour nous rémunérer selon nos œuvres. Que vous le vouliez ou non, cela sera ainsi. Et il le faut bien, attendu qu'il serait, ma foi, par trop injuste que tous ceux qui pervertissent les autres, ainsi que ceux qui ne veulent rien faire pour empêcher la perversion fussent rémunérés de la même manière que ceux qui sont toujours sur la brèche pour combattre le bon combat et pour tâcher de vaincre l'ennemi commun! Cela ne saurait être ainsi : les méchants auraient trop beau jeu, et Dieu est trop juste pour cela.

Je dis donc bien haut à tous, et qui que vous soyez, prenez y garde! l'ennemi est proche et votre extermination aussi, et elle sera d'autant plus facile, que vous aurez prêté davantage l'oreille à cet esprit menteur et pervers qui a fini par vous convaincre à force de vous répéter toujours la même chose. J'ose donc vous le dire, si vous ne secouez bientôt cette torpeur où vous aimez tant à vous complaire, et si votre nature nonchalante se laisse encore quelque temps berner par cet esprit infernal, c'en est fait de vous et de la patrie; vous paierez, il est vrai, de votre sang cette coupable indifférence, mais vous ne sauverez rien, pas même votre famille! car le Sang du Juste seul pourra sauver quelques épaves de cette France si grande jadis, et que vous aurez aidé involontairement, j'aime à le croire, à anéantir.

Réfléchissez-y bien, puisqu'il en est temps encore, demain peut-être il sera trop tard. A l'œuvre donc, et qu'il ne soit plus permis de s'arrêter qu'au port du salut, sur les rivages de la réconciliation et de la paix générale. C'est là mon vœu le plus cher.

Je conclus cependant, avec la ferme espérance que Dieu ne veut pas nous laisser périr : la preuve certaine, c'est l'existence presque miraculeuse, dans ces temps de troubles profonds, d'un Prince vertueux et vraiment grand par sa profonde sagesse; il s'offre à nous comme le Lion de Judas, pour terrasser l'esprit de mensonge, ainsi que les ennemis de Dieu et de la Sainte Église! Ce prince si parfait quel est-il? Tout le monde l'a deviné, c'est M. le Comte de Chambord. Lui seul, comme l'Archange Michel, pourra terrasser le vampire de la Révolution; qui est le ver rongeur de tous les peuples assez malheureux d'avoir écouté cette syrène impie autant que mortelle, puisqu'elle est le plus actif dissolvant des sociétés modernes et chrétiennes.

Ce n'est donc ni les bonapartistes, ni les orléanistes, pas plus que les républicains qui nous sauveront, parce que ces partis sont tous, sans exception, chargés de trop grandes fautes, leur passé véreux les empêchera toujours, quoi qu'ils fassent, de faire rien de grand. Mais le cas de

M. le Comte de Chambord c'est d'être puissant et fort là où les autres sont faibles et impuissants, et de pouvoir mener à bonne fin le progrès, le bonheur et le salut de la France, parce qu'il est sans reproche et l'homme du droit par excellence.

J. S.....

LE

SEUL MOYEN DE SAUVER LA FRANCE

C'EST L'UNION DES PARTIS

Dédié aux Représentants de la Nation

MESSIEURS,

Aujourd'hui que nous avons l'insigne honneur d'être sous la direction du plus honnête comme du plus brave de nos hommes de guerre, Monsieur le Maréchal de Mac-Mahon, serait-il permis au plus humble de vos concitoyens de se permettre un conseil ; je le crois, Messieurs, et je vous l'adresse humblement.

D'après moi, il serait je crois facile aux monarchistes des trois opinions qui concentrent en eux les forces vives, intelligentes et constamment puissantes de la patrie, de

s'entendre parfaitement pour fonder la monarchie véritable, consacrée par les siècles et honorée encore, malgré
le trouble des idées, par la France entière.

Malheur, malheur à nous tous, si les orléanistes et les
bonapartistes ne savent pas comprendre qu'il n'y a pour
la nation de salut possible, que dans une union intime
avec la légitimité, qui est la base fondamentale de toute
monarchie digne de ce nom. (Les républicains modérés
sont du même avis.)

Et, en effet, qu'avons-nous vu depuis 89, époque mémorable d'abord, mais que l'hydre de 93 détruisit bien
vite de fond en comble pour ne laisser de place qu'aux
compétitions de toutes sortes et aux monarchies d'expé-
dients. Car, après l'épopée napoléonienne et après que
les dessins de Dieu furent accomplis, rien ne pût empêcher la colosse fragile qui avait dicté des lois au monde
étonné, de tomber comme il s'était élevé, c'est-à-dire, par
son incommensurable orgueil que rien ne pouvait plus
contenir. Alors les Bourbons que Dieu gardait vinrent
combler le vide et replacer sur sa base la pyramide sociale que tant de troubles profonds avaient empêché de relever jusque-là, et réparer tous nos malheurs, à seule fin
de nous conduire dans une ère nouvelle et propice. Et,
c'est ce qu'ils firent avec un dévouement et une grandeur
d'âme digne de leur noble et royale race ; malheureusement, nous n'étions pas au bout de nos épreuves, de nouvelles épreuves, de nouvelles tempêtes devaient nous ra-
vir bientôt ce commencement de bonheur.

Tout allait donc pour le mieux et à l'honneur de nos gloires, (je n'entrerais point ici dans les détails que tout le monde connaît),lorsque le coup de tonnerre de 1830 vint briser comme du verre la quiétude publique et enlever au peuple d'aussi magnifiques espérances.

L'intrônisation des d'Orléans dans la personne de Louis-Philippe ne fut qu'un expédient de plus, mais qui ne devait ni ne pouvait pas empêcher la révolution de s'asseoir à côté du monarque dont il était le résultat, et ronger son trône jusqu'à ce qu'il tombât à son tour; la logique des faits l'emporta toujours sur la volonté des individus. Mme Rolan l'a dit : la Révolution est comme Saturne, elle dévore ses enfants.

Louis-Philippe tombé, le césarisme n'eut pas de bien grandes difficultés pour prendre sa place; mais, malgré sa nouvelle politique et ses vingt années de règne, il devait lui aussi périr par le même mal, puisque la même cause l'avait produit, et, en s'effrondant, il n'a laissé sur son passage que des ruines et des ingrats et surtout des partis âpres à la curée qui se sont jetés sur ces dépouilles déceventes, mais qui devaient bientôt tomber de leurs mains inhabiles pour le salut de la patrie aux abois.

D'après ce faible exposé, que conclure, sinon de se hâter de combler l'abîme entrebaillé sur nos pas et regarder en face, pour l'écraser plus tard, le radicalisme qui, comme un vampire hideux, montre partout ses milliers de têtes pour nous dévorer ou nous entraîner avec lui dans ses ruines fumantes.

Que tous les monarchistes de l'Assemblée s'unissent
donc au plus tôt puisqu'il en est temps encore ; quelle plus
noble et glorieuse tâche que celle de sauver la société en
péril. Les sentiments personnels doivent disparaître pour
ne laisser de place qu'au désintéressement de ne conserver dans son cœur que le dévouement et le sacrifice à la
chose publique, qui est seule en péril et à la défense du
droit national qui est notre patrimoine à tous.

J. S.....

Bordeaux, le 20 Juillet 1873.

Bordeaux, le 1er Septembre 1873.

A MONSIEUR R. L....

Mon Cher Monsieur,

Vous me demandiez récemment ce que je ferais si j'étais
conseiller du pouvoir. Cette question m'a été posée pour
bien apprécier ma pensée sur l'attitude qu'un gouverne-
ment devrait prendre pour être puissant et fort au vis-à-
vis des temps troublés où nous vivons !... Et si surtout ce
pouvoir s'appelait la Monarchie de Henri V.

Mon premier souci, mon cher Monsieur, serait de
faire une Constitution libérale avec le concours, bien entendu, des représentants de la nation librement élus, mais

la liberté d'après moi, ne saurait admettre que la licence
fut tolérée comme elle l'a été jusqu'à ce jour, car elle est
l'antipode de la liberté, et c'est pour cela que je la frappe-
rais sans miséricorde ! j'inscrirais en tête de la Constitution
en caractère indélébile, le respect de tous les Français, à
seule fin d'assurer le respect de soi-même, c'est-à-dire
de l'autorité royale.

Je proposerais de bonnes lois électorales où la liberté
du vote serait une vérité, je mettrais les charlatans politiques dans l'impuissance de triompher comme ils ont fait
jusqu'à ce jour. En un mot, réforme radicale sur tous les
abus qui ont été la cause de tous nos maux. Lois aussi,
sur la législation actuelle si embrouillée et si complexe
tout à la fois, la cession des emplois à toutes les capaci-
tés réelles, pratiquant les vertus sociales et religieuses,
attendu que l'exemple doit toujours descendre d'en haut,
afin de posséder la double autorité pour frapper judici-
eusement ceux qui enfreindraient ces mêmes devoirs ; être
sans pitié pour cette presse immonde qui n'a de puissance que par la liberté qu'elle possède d'enseigner l'iniquité, libre enfin de semer partout et toujours l'erreur, le
mensonge et la calomnie contre tout ce qui est honnête.
Mais surtout elle s'attaque à la Religion et contre ses ministres, pour traîner leurs saints caractères dans le mépris public. Oui, mon cher Monsieur, voilà ce que je
voudrais éviter à tout prix pour l'honneur de l'humanité
toute entière !... Et en effet, on pourra arrêter un voleur
avec justice, on fera expier de la peine capitale les forfaits

et les crimes de toutes sortes, dont se seraient rendus coupables tant de misérables assassins, et on ne pourrait trouver aucun moyen d'atteindre ceux qui sont cause de plus grands maux ? c'est impossible, il faut que justice soit rendue à tous, car n'est-ce pas, la presse révolutionnaire qui a conduit dans les abîmes de l'expiation et même à la mort, tous ceux qui ont eu le malheur d'écouter les chefs de la Commune ; plusieurs étaient écrivains dans les journaux dont je n'oserais jamais souiller ces pages de leurs noms infâmes, c'est impossible, il faut que tous soient frappés selon leur culpabilité.... Il faut donc des réformes immédiates pour empêcher le retour de si abominables machinations !... Voilà, mon cher Monsieur, ce que je conseillerais si j'étais capable d'être entendu, mais je ne me fais point d'illusion sur l'avenir, je sais depuis longtemps qu'avec Henri V, toute vérité et toute justice triompheront avant peu, et j'ose dire que nous ne reprendrons notre vraie grandeur qu'avec lui parce qu'il est sans reproche et qu'il est l'honneur même.

Quant au drapeau, tous ceux qui disputeront sur la couleur, me font l'effet d'un individu qui se noyerait et qui disputerait avec son sauveur, les moyens à prendre pour le sortir de l'abîme où il devrait infailliblement tomber.

En terminant, permettez-moi de dire un mot sur le plus grand de tous les coupables du dernier siècle, sur Voltaire en un mot, car il a eu là puissance d'avoir des imitateurs infiniment petits, mais qui l'ont imité en grand ; oui, tous nos misérables communards sont vol-

tairiens, et à son imitation ils sont Prussiens, et ils
ne sont prussiens que parce qu'ils sont voltairiens ; honte
donc à ces anti-français, à ces nouveaux érostates qui en
haine de la civilisation n'ont pas craint d'incendier les
monuments glorieux de Paris, à qui le monde entier por-
tait envie, (honte, honte à leur mémoire).

Agréez, mon bien cher Monsieur, mes salutations très-
amicales.

J. S.,...

CONSEIL DONNÉ AUX OUVRIERS

PAR LEUR ANCIEN CONDISCIPLE ET AMI, A PROPOS
DES ÉLECTIONS FUTURES

Il est beau sans doute, il est même très-glorieux pour
un grand peuple de diriger lui-même ses destinées, mais
pour arriver à ce magnifique résultat, il faut plus que du
savoir, il faut aussi de la sagesse, même beaucoup de sagesse ; je ne parle pas de désintéressement, quiconque
n'en a pas est indigne de vivre.

Je donne donc à mes anciens Camarades, comme conseil suprême et pour le salut commun, de ne choisir aux
futures élections, que des hommes prudents et sages,
ayant un passé sans reproche et accompagné de l'estime
publique, il est évident que ceux-là seuls méritent votre

confiance. Mais si malheureusement, fidèles à vos anciens errements, vous écoutez encore ceux qui n'ont aucun des caractères indiqués plus haut, et que vous vous livriez encore malgré les avertissements amicaux et bienveillants, au premier charlatan parce que promettant beaucoup n'ayant rien à perdre ! très-peu soucieux de tenir la parole donnée, attendu qu'ils n'ont en vue que leur position sociale à relever pour les aider à sortir de l'abîme creusé par leur immense incapacité, pour ne pas dire davantage.

Voilà, mes amis, les hommes qui en temps de troubles ont le haut du pavé, ce sont ces mêmes hommes que le peuple a le malheur de prendre presque toujours au sérieux, tandis qu'il devrait les mépriser souverainement et les repousser à tout jamais, dans l'ornière commune à tous leurs pareils.

Si comme il faut l'espérer, les leçons du passé ont produit leurs résultats en éclairant même les plus faciles à tromper, c'est-à-dire les moins prévenus parmi les classes ouvrières contre ces hommes là ! malheureusement toujours disposés à les écouter parce qu'ils les flattent et les trompent toujours, pour n'accepter désormais que ceux qui ont le vrai mérite de la probité et du talent, alors tout sera sauvé ; dans le cas contraire, tout sera perdu pour bien longtemps encore ; je vous dis ceci en véritable ami de vos intérêts, précisément parce que je suis désintéressé personnellement, c'est à ce titre que je me permets de vous donner des conseils, lesquels s'ils étaient mis en pratique, non-seulement la France serait sauvée, mais

les méchants qui conspirent toujours dans l'ombre, seraient réduits à l'impuissance devant le bon sens du peuple, forcés qu'ils seraient d'aller ailleurs porter leurs ri-
dicules personnalités ; alors seulement nous pourrions
tous compter sur une ère nouvelle et peut-être unique
où les vrais travailleurs pourront sûrement revendiquer
tous leurs droits légitimes et assoir sur des bases solides
un avenir certain, un bien-être relatif toujours promis et
jamais tenu par les courtiers du mensonge ; oui, tout cela
vous sera dévolu parce que vous aurez préféré le droit à
l'injustice, et la vérité à l'erreur, qui sont les seules assi-
ses de tout peuple qui ne veut pas périr.

Un mot maintenant sur les lois de mon pays !... Il est
évident qu'il y a une lacune imminente qui est celle ci :
c'est que les vrais coupables dans les révolutions qui
poussent les classes populaires à l'émeute, ne sont jamais
atteints, tandis que ces derniers sont toujours pris et
vont expier par l'exil ou en prison, les insinuations et les
conseils pernicieux des journaux mauvais et des meneurs
salariés, par eux, qui viennent les enrôler nombreux autant qu'ils le peuvent, pour les avoir sous la main en
temps opportun, et les jeter ensuite dans la rue ! et après
la réussite, assouvir toutes leurs détestables passions,
tant convoité par eux ; dans le cas contraire, ils se tien-
nent parfaitement sous le voile de l'énigme, en laissant
passer tous leurs adeptes sur la voie de l'expiation et du
désespoir : voilà, mes chers camarades, ce que tous vos
flatteurs vous réservent, croyez-en mon expérience.

Il faut donc des lois qui puissent remonter des effets aux causes, sans cela, les vrais criminels ne seront presque jamais atteints.

J. S.....

Bordeaux, le 28 Février 1860

A MONSEIGNEUR L'ÉVÊQUE D'ORLÉANS

Monseigneur,

Votre admirable lettre, en réponse à la brochure de M. de la Guerronière, a non-seulement comblé de joie tous les bons catholiques, mais encore tous les honnêtes gens, à quelque parti qu'ils appartiennent.

Que votre grand cœur, Monseigneur, soit donc consolé par cette universelle adhésion, car ce n'est pas peu de chose, dans ces temps de grandes lâchetés, d'oser démasquer l'hypocrisie et flageller l'injustice avec l'indépendance de l'honnête homme que rien n'arrête, et la vertu du Saint qui n'agit que pour la gloire de Dieu et le salut de ses frères.

Que le Ciel, Monseigneur, soit donc votre partage et vienne un jour couronner une si sainte vie.

C'est le vœu, Monseigneur, du bien humble mais du plus grand de vos admirateurs, qui demande à genoux la bénédiction de Votre Grandeur.

J. S.....

Bordeaux, le 8 Janvier 1871.

AU FRÈRE ALPHONSE

SUPÉRIEUR DES FRÈRES DES ÉCOLES CHRÉTIENNES.

BIEN CHER FRÈRE SUPÉRIEUR,

Je me proposais d'aller aujourd'hui vous présenter mes respectueux hommages, ainsi que mes vœux les plus empressés, mais le bon Dieu en a disposé autrement, en m'envoyant une douleur rhumatismale qui m'empêche de sortir. Que son saint nom soit béni en toutes choses.

J'ai donc pensé, puisque j'étais privé d'aller vous embrasser, de vous écrire ces quelques lignes, pour vous assurer toujours, et plus que jamais, de mon profond dévouement à votre personne, que je vénère bien sincèrement.

Avec ces vœux, que je vous prie d'agréer, quoique très-imparfaits, veuillez aussi recevoir, cher Frère supérieur, mes salutations bien respectueuses ainsi que celles de toute ma famllle.

Votre très-reconnaissant serviteur,

J. S.....

Lettre adressée à tous les Républicains honnêtes et dignes, attendu qu'ils sont, avant tout, des hommes d'ordre.

MESSIEURS,

Il n'est plus permis aujourd'hui, à tout homme de bonne foi, de se faire illusion sur la marche que la République modérée donne aux événements, et sa modération même ne saurait enrayer un seul instant le radicalisme qui déborde de toutes parts, et son irruption nous mène sûrement à l'anarchie à court délai; il s'avance chaque jour vers nous comme une avalanche irrésistible, renversant tout sur son passage destructeur, qu'on le veuille ou non, il nivellera toutes les situations sociales. Oui, Messieurs, cela sera ainsi, et pour prouver ma thèse, je n'ai qu'à présenter le tableau suivant :

Qu'on demande à tous les hommes de mauvaise vie et mœurs, à tous les déclassés, à tous les ivrognes, à tous les fainéants et à tous les repris de justice, s'ils sont libres; oui, demandez-leur pour qui ils voteraient? Tous, sans exception aucune, répondraient : nous voterons pour la République démocratique la plus sociale possible; et ils seraient conséquents avec eux-mêmes.

Mais ceux qui cessent d'être conséquents, ce sont tous ceux qui ont quelque chose à sauver, qui ont, par un labeur constant, ramassé un bien-être plus ou moins considérable, et qui, de gaîté de cœur, viennent comme un seul homme voter avec tous ces parasites, comme s'ils ne savaient pas que voter avec eux c'est non-seulement leur donner la main-levée sur tout ce qu'ils possèdent, mais qu'ils se compromettent aussi en marchant à côté de tous ces misérables, et qu'en agissant avec eux, ils travaillent pour ceux qui sauront le leur rappeler en temps opportun. Mais, me direz-vous, c'est pour la République modérée que nous votons! Est-ce que vous ne savez pas que l'étiquette de cette République aura bientôt disparu devant la réalité qui se cachait derrière?

Vous voulez l'ordre, Messieurs, et nous en avons tous besoin, eh bien! ne vous y trompez pas, avec la République, vous ne l'aurez jamais! Pourquoi cela? Parce qu'il n'y a que des impies pour la fonder, tandis que dans tous les temps, et notamment en Amérique, il n'y avait, lors de sa fondation, que des croyans pour l'établir, avec le concours des armées de notre Roi-Martyr. Washington lui-même commença sa magistrature suprême par rendre gloire à Dieu de tous ses succès, et cette République est toujours puissante. Tandis que nos modernes radicaux ont tous commencé par détruire la foi dans les âmes de leurs adeptes, pour mieux élever, sans doute, leur édifice sur le néant de leurs personnalités. Et de là à l'anarchie, il n'y a qu'un pas, et ce pas, Messieurs, j'ose l'espérer, vous ne le franchirez pas; je fais appel pour cela à votre patriotisme, et j'aime à croire que vos lumières sont trop étendues pour donner dans le piége grossier qui vous est tendu ; croyez en mon expérience : il faut, pour le salut de tous, que la République, puisqu'elle ne saurait être modérée, disparaisse devant la monarchie nationale que les siècles ont faite pour notre gloire, ou que nous succombions dans un cataclisme social qu'aucune force humaine ne pourra arrêter, et ce sera le châtiment réservé aux imprudents qui auront fermé les oreilles aux avis prévus et dévoués de leur humble concitoyen.

J. S....., *artisan.*

Bordeaux, le 3 Novembre 1873.

PROVERBES

Le bon Dieu recevra un jour
Ceux qui répondront à son amour.

Le gendarme est aux voleurs
Ce que le prêtre est aux pécheurs.

L'un impose la crainte, l'autre le remords,
Ce qui vaut mieux encor.....

Si Jésus a répandu son sang,
C'est pour sauver les méchants.

Si le juste n'a rien à craindre,
Le pécheur est bien à plaindre.

Celui qui aime la charité
Brillera toute l'éternité.

Si le peuple a de mauvais instincts,
Il le doit aux mauvais écrivains.

⋘⋙

L'homme paresseux et méchant
Ne saurait être ni heureux ni content.

⋘⋙

Le travail et l'activité
Rendent heureuse la pauvreté.

⋘⋙

Celui qui aime l'indolence
Tombera dans l'indigence.

⋘⋙

Sagesse et sobriété
Conservent la santé.

⋘⋙

L'homme dirigé par ses passions
Ne vaut pas l'animal sans raison.

⋘⋙

Les vaniteux, les orgueilleux
Se haïssent entre eux.

⋘⋙

Si l'homme laborieux gagne son pain,
L'homme paresseux mendie le sien.

—❦❦❦—

La raison sans la foi,
C'est la folie sans la loi.

—❦❦❦—

La réserve et la prévoyance
Détourneront de vous l'indigence.

—❦❦❦—

Si vous respectez vos voisins
Dans leurs honneurs et dans leurs biens.

—❦❦❦—

Ils vous respecteront à leur tour
Et vous rondront amour pour amour.

—❦❦❦—

Les vêtements quoique usés
Indiquent l'ordre dans la pauvreté.

—❦❦❦—

Ceux qui sont ordonnés à l'intérieur,
Sûrement ils le seront à l'extérieur.

—❦❦❦—

La ruine de bien des gens
C'est le désordre des vêtements.

⟨⟨⟨⟩⟩⟩

L'hypocrisie déguisera sans cesse
Ses pensées aux yeux de la sagesse.

⟨⟨⟨⟩⟩⟩

D'après moi, le plus féroce animal c'est l'homme sans foi; il n'est impie que parce qu'il est méchant, et s'il pouvait dévorer son âme, il le ferait tant il est descendu en s'avilissant chaque jour davantage; il est tombé plus bas que la brute, c'est sans doute ce qui a fait dire à Boileau qu'il était le plus sot animal.

Tel on est, tel on paraît.

J. SAUJEON.

TABLE DES MATIÈRES

— 80 —

Typ. L. Coderc, lib., rue du Pas-Saint-Georges, 28.